Was macht Marie? Verbinde die Punkte in der richtigen Reihenfolge und du weißt es.

Ein Quadrat hat sich aus dem Bild davongestohlen. Welches ist es?

1

2

3

Lösung: 2

Der Zeichner hat sich vertan: Er hat zweimal genau dasselbe Bild gemalt. Kreuze die beiden Bilder an, die gleich sind.

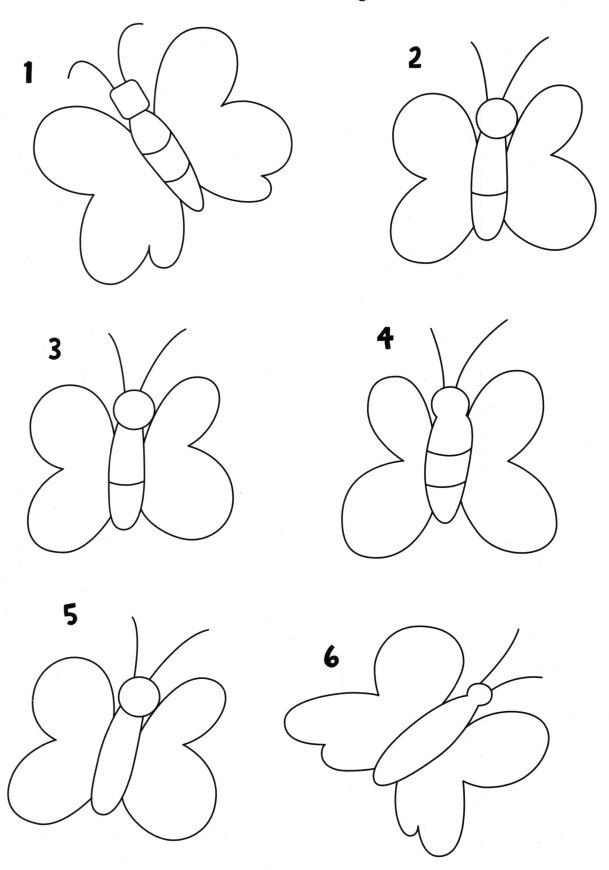

Lösung: 2 und 3

Marie hat die Zeit vergessen. Sie weiß, dass Peter schon sehnsüchtig auf sie wartet, und muss sich beeilen. Kannst du ihr den Weg zeigen?

Lösung: B

Schau genau hin. Dann siehst du bestimmt, welcher Schatten der richtige ist.

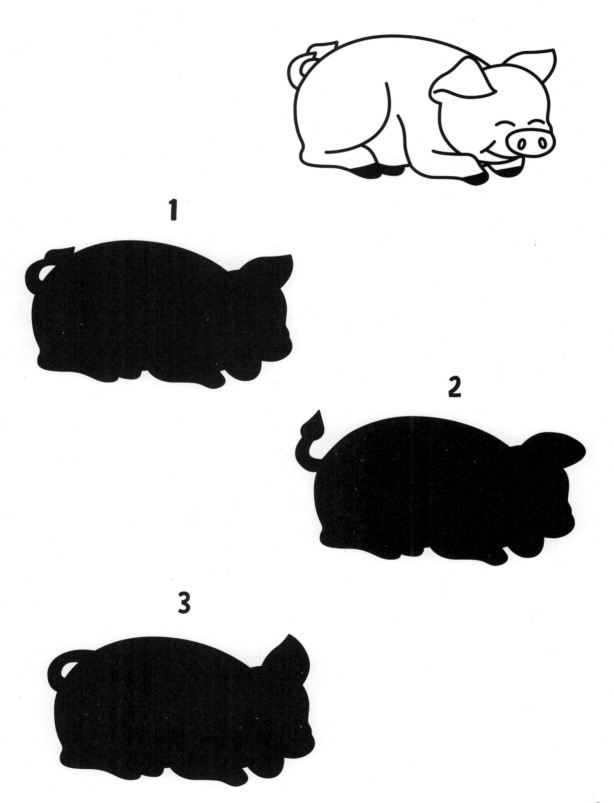

Lösung: 1

Auf den ersten Blick sehen die beiden Bilder gleich aus. Doch sieh genau hin, dann findest du sieben Unterschiede.

Lösung:

Wen striegelt Marie? Verbinde die Punkte in der richtigen Reihenfolge. Dann siehst du es.

Gar nicht so einfach: Kannst du erkennen, welcher der drei Ausschnitte im Bild fehlt?

1

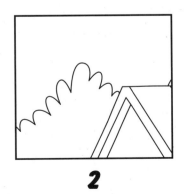
2

3

Lösung: 3

Zwei Schildkröten sehen genau gleich aus. Welche sind es? Kreuze sie an.

Lösung: 1 und 4

Peter liegt auf einer Wiese und genießt den herrlichen Tag. Er träumt von Schäfchen. Im unteren Bild wurden sieben Einzelheiten des schönen Bildes vergessen. Entdeckst du sie?

Lösung:

Fünf Kinder haben dasselbe Pferd gezeichnet. Welche beiden Bilder sind genau gleich geworden?

Lösung: 1 und 3

Marie zieht ein kleines Vögelchen auf. Sie hat ein Labyrinth gebaut, in dem es umherfliegen kann.
Den Weg zu Marie findet es schnell. Findest du ihn auch?

Nur eine Linie verbindet die Henne mit ihren Küken. Zeichne sie nach.

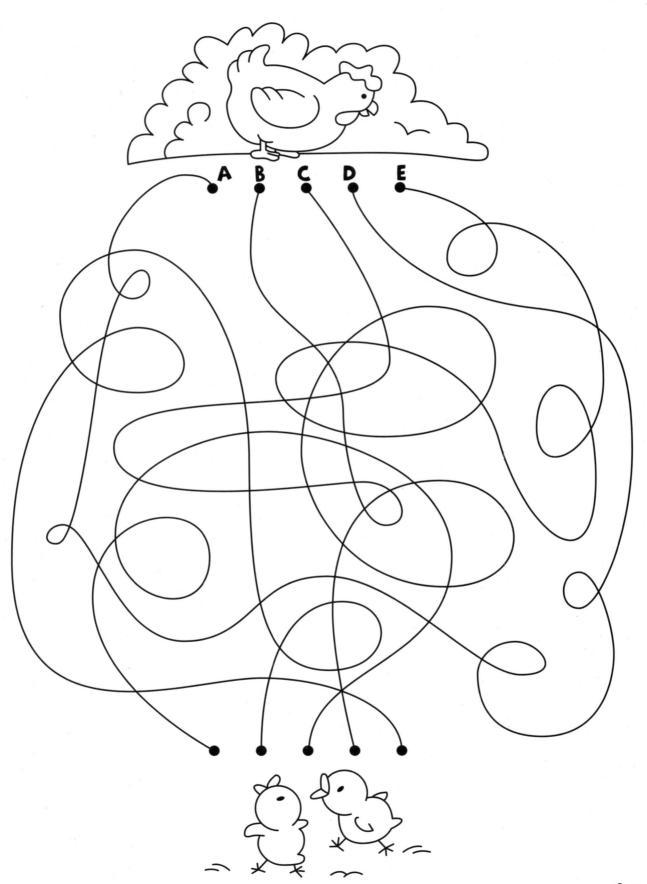

Lösung: E

Male dieses schöne Bild zu Ende. Die Zahlen helfen dir dabei.

Ganz schön frech: Da hat jemand einfach ein Quadrat aus dem Bild fortgenommen. Welches ist es?

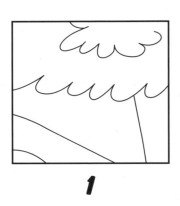
1

2

3

Lösung: 1

Zwei der Kühe gleichen sich wie ein Ei dem anderen. Welche sind das?

Lösung: 1 und 6

Findest du das Pärchen? Zwei Bilder sehen genau gleich aus. Kreuze sie an.

Lösung: 1 und 4

Marie ist ganz begeistert von dem kleinen Vögelchen. Auch zwischen diesen beiden Bildern kannst du sieben Unterschiede entdecken, wenn du genau hinschaust.

Lösung: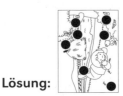

Marie trägt heute einen Zopf! Male sie und ihr Lieblingspferd zu Ende.

Tipp: In diesem Bild findest du zwei verschiedene Bildteile zum Punkteverbinden. Beim zweiten Bildteil geht es wieder bei 1 los.

Nur einer der drei Schatten passt. Welcher?

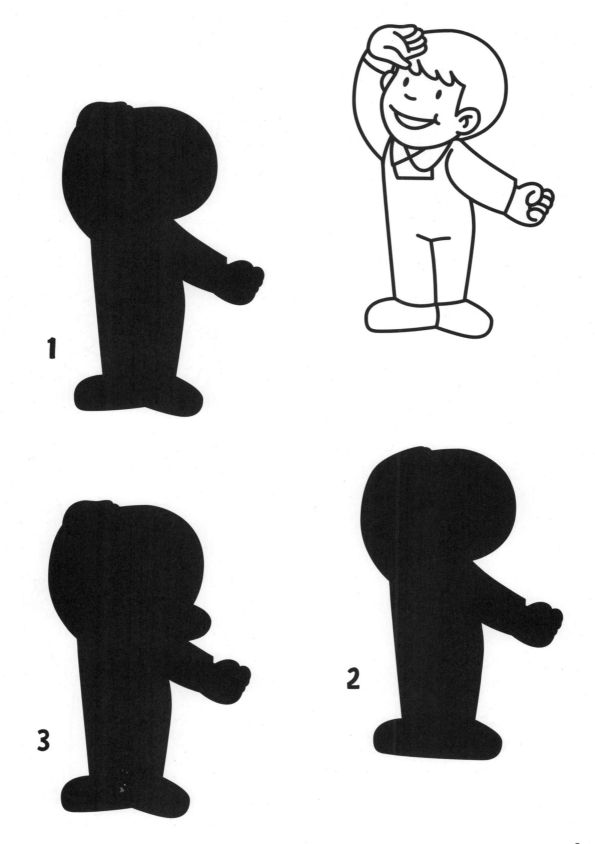

Lösung: 1

Marie wird viel fotografiert. Von einem Bild wurden zwei Abzüge gemacht. Welches ist zweimal dabei?

Lösung: 1 und 6 sind gleich.

Wir sehen Peter hier beim Melken. Schau dir die beiden Bilder ganz genau an und du wirst sieben Unterschiede finden.

Lösung: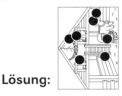

Welcher Weg führt durch das Labyrinth. Zeichne ihn ein.

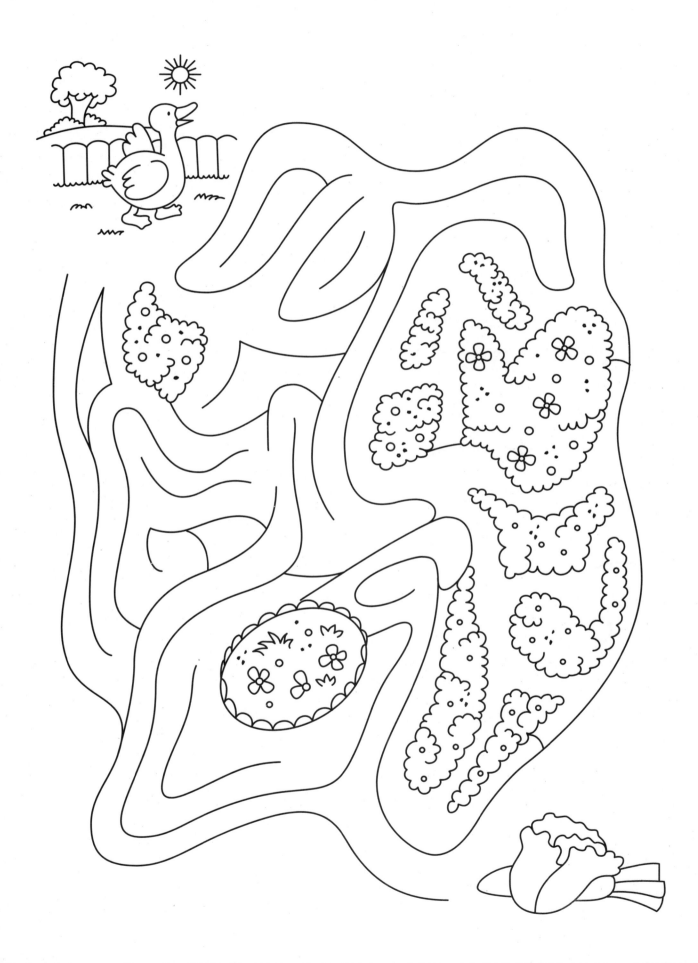

Wer freut sich da über Futter? Verbinde die Punkte in der richtigen Reihenfolge, dann siehst du es.

Nur einer der Ausschnitte unten fehlt im großen Bild. Erkennst du, welcher es ist?

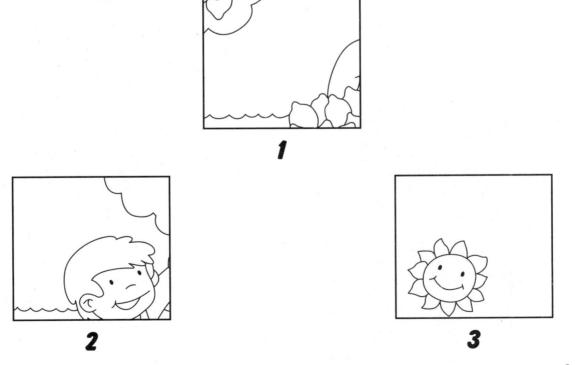

Lösung: 1

Peter schaut sich nach seinem Schatten um. Entdeckst du den passenden Umriss?

Peter darf sich ein Eis holen, doch er soll schnell zurück sein. Zeichne den kürzesten Weg ein.

Peter und Marie spielen im Schnee. Sie haben dem Schneemann drei Knöpfe gemacht. Aber im unteren Bild sind es ja nur zwei! Findest du auch die sechs anderen Unterschiede?

Lösung:

Da fehlt doch etwas! Welches der drei Felder unten musst du in das leere Viereck zeichnen, damit das Bild wieder vollständig ist? Versuch es doch einmal!

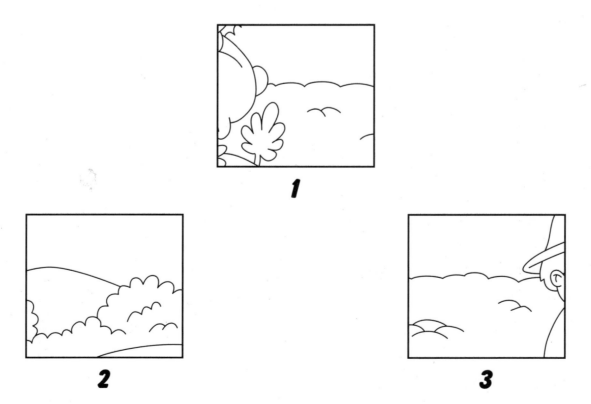

Lösung: 1

Verbinde die Punkte in der richtigen Reihenfolge. Anschließend kannst du das Bild bunt ausmalen.

Du möchtest das große Bild zu Ende malen? Welches der kleinen Bilder hilft dir dabei?

1

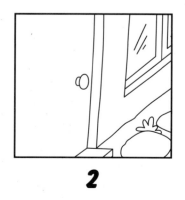
2

3

Lösung: 2

Aufmerksam sitzt die Katze auf der Hundehütte und denkt, dass keiner sie sieht. Welcher Schatten verrät sie?

Der Hahn möchte zu seiner Familie. Welchen der drei ineinander verschlungenen Wege muss er nehmen, um anzukommen?

**Hier stehen ja zwei gleiche Bilder übereinander!
Aber genau gleich sind sie gar nicht: Kreise die acht
Unterschiede im unteren Bild ein.**

Lösung:

Da fehlt doch was! Kannst du das Bild fertig malen?

Marie ist nicht allein auf der Wiese. Welches der kleinen Bildchen musst du ins große übertragen, damit man sehen kann, wer bei ihr ist?

1

2

3

Lösung: 1

Eines der Bilder siehst du hier zweimal. Kreuze das Paar an.

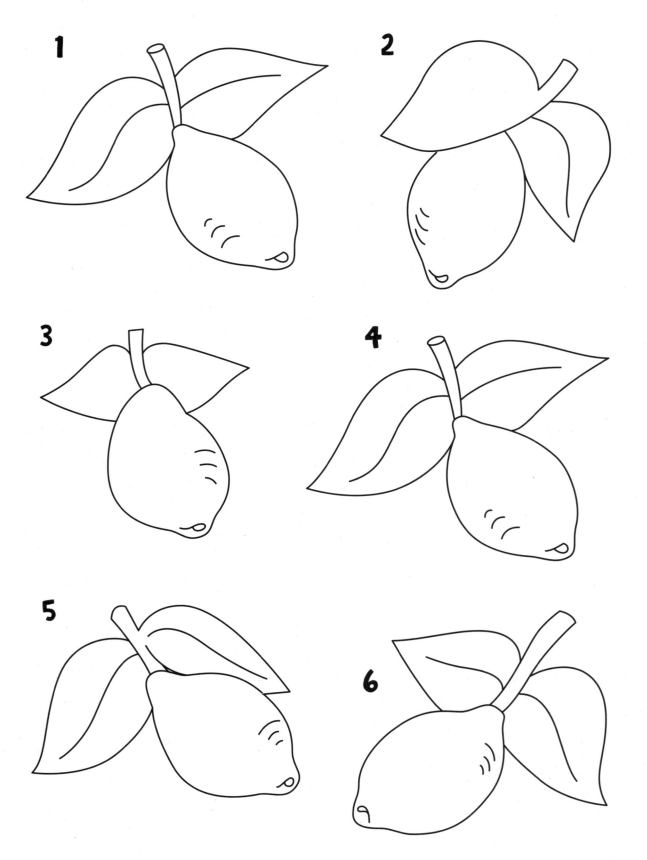

Lösung: 1 und 4

Der Hund hat Hunger. Zeigst du ihm den Weg zu seinem Napf?

Da hat jemand beim Abmalen sieben Fehler gemacht. Entdeckst du sie?

Lösung:

So eine schöne Schaukel! Die Zahlen helfen dir dabei, sie zu malen.

Mit welchem der drei Bildchen kannst du die Lücke im großen Bild füllen?

1

2

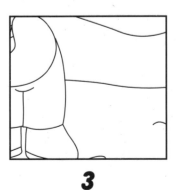
3

Lösung: 3

Auch das Häschen hat nur einen Schatten.
Welcher Schatten ist der richtige?

Lösung: 3

Welchen Weg nimmst du, um den Traktor zum Bauernhof zu fahren? Zeichne den Weg ein.

Wie viele Ohren hat ein Hund? Genau, da hat sich im unteren Bild ein Fehler eingeschlichen. Vergleiche das Bild unten genau mit dem oben und du siehst sechs weitere Unterschiede.

Lösung:

Was macht der Pfau denn da vor Freude?

Da hat sich jemand einen Spaß gemacht und ein Stück aus der Zeichnung herausgeschnitten. Du kannst es unten wiederfinden. Welches ist es?

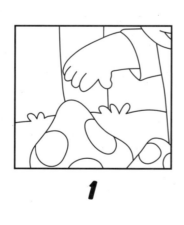
1

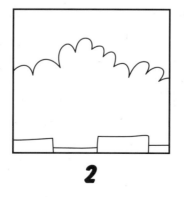
2

3

Lösung: 3

Nur zwei der sechs Bilder sehen genau gleich aus. Kreuze sie an.

Lösung: 2 und 5

Dreimal hat hier jemand versucht, dem Ferkel einen Schatten zu malen. Bei welchem Versuch ist es ihm geglückt?

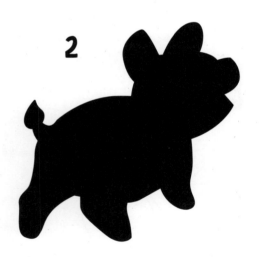

Lösung: 3

Die Ziege und der Bock sind verabredet. Auf welchem Weg finden sie zueinander?

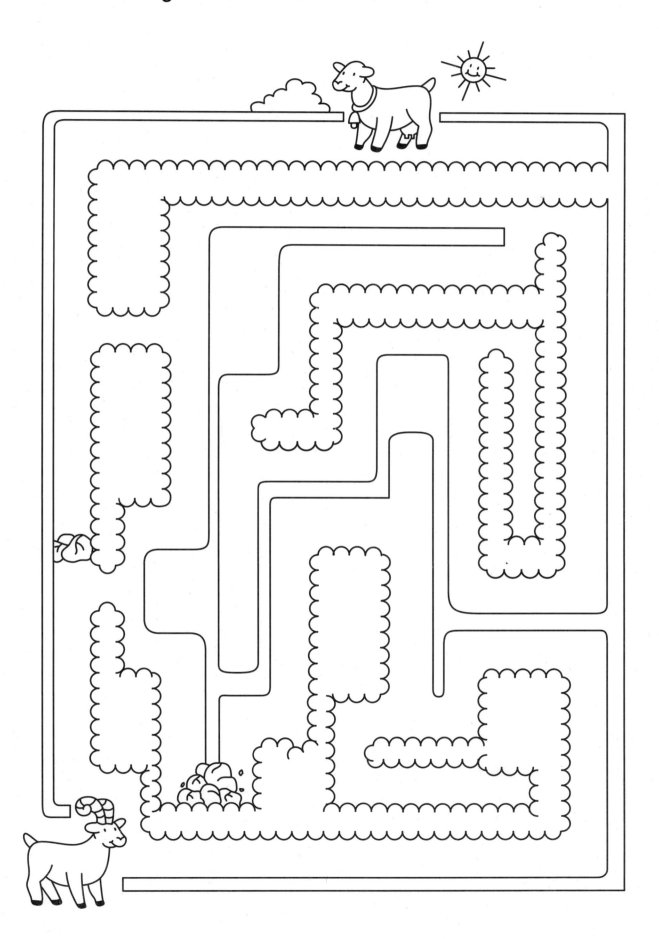

So ein niedlicher Hund! Was macht er am liebsten? Du weißt es, wenn du die beiden gleichen Bilder findest.

Lösung: 2 und 3

Kannst du rückwärts zählen? Versuche einmal bei der höchsten Zahl mit der Linie zu beginnen.

Welcher Schatten zeigt genau die Umrisse des Pferdes?

Lösung: 3

Male das Bild fertig. Welches der kleinen Quadrate hilft dir dabei?

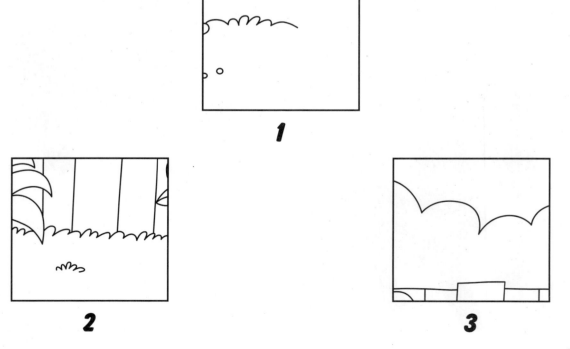

Lösung: 2

Schau genau hin. Dann entdeckst du bestimmt die beiden Bilder, die gleich sind.

Lösung: 1 und 3

Sieben Fehler sind im unteren Bild versteckt. Kreise sie ein.

Lösung:

**Die Maus hat sich in Sicherheit gebracht.
Sie hat den kürzesten Weg genommen,
und die Katze findet ihn nicht.
Findest du ihn?**

Es ist gar nicht so einfach, eine Kuh zu malen.
Die Punkte helfen dir dabei.

Wie groß muss Peters Kopf auf diesem Bild sein und wohin schaut Peter? Der Zeichner war sich nicht sicher und hat drei Versuche gemalt. Welcher passt?

1

2

3

Lösung: 1

Siehst du das Bildpaar? Zwei Bilder sind genau gleich! Kreuze sie an.

Lösung: 1 und 4

Schatten zeigen nur Umrisse. Doch diese reichen aus, um den passenden Schatten zu finden. Erkennst du ihn?

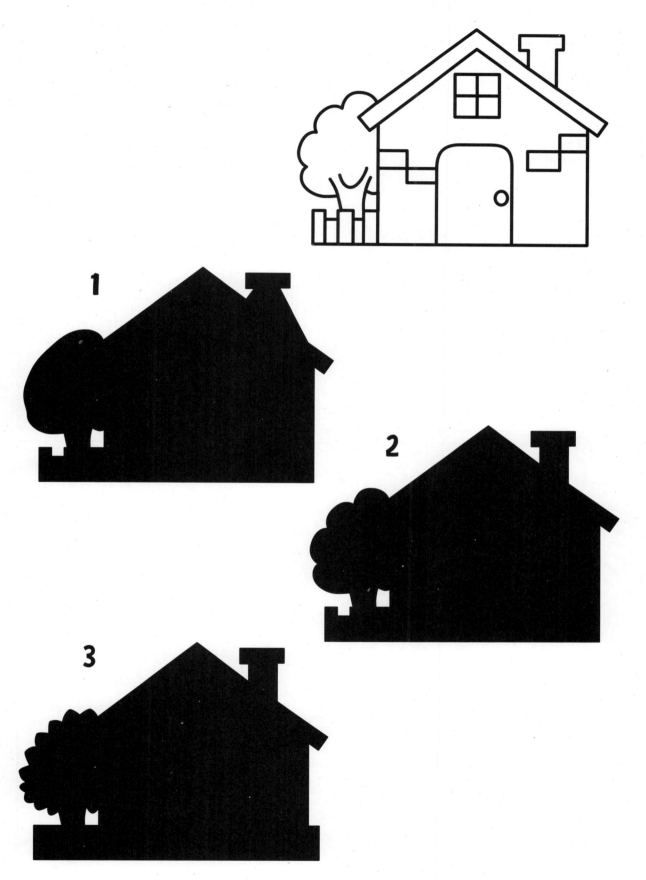

Lösung: 2

Marie spielt gern mit ihrer Lieblingskuh. Das hat der Zeichner gleich zweimal gemalt. Doch im unteren Bild hat er sieben Fehler versteckt. Kreise sie ein.

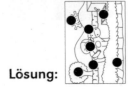

Lösung:

Die beiden kleinen Ferkel wollten die Welt erkunden. Nun suchen sie den schnellsten Weg zurück zu ihrer Mama. Kannst du ihnen helfen?

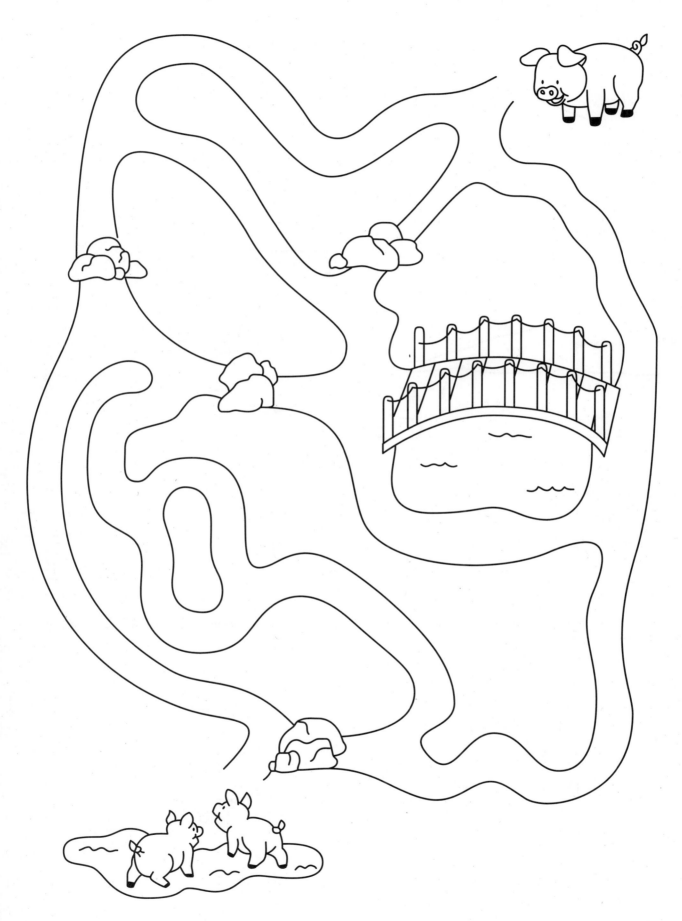

Die eine Ente ist so allein. Male doch die zweite Ente mit Hilfe der Zahlen noch dazu.

Nur eines der kleinen Quadrate kann die Lücke im großen Bild füllen. Welches ist es?

1

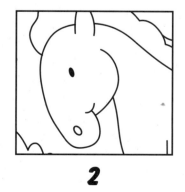
2

3

Lösung: 3

Das Hündchen sucht seinen Schatten. Kannst du ihm helfen?

Lösung: 3

Da musst du ganz genau hinschauen: Sechs Kleinigkeiten sind im unteren Bild anders. Siehst du sie?

Lösung:

Die Kuh und der Stier spielen Verstecken. Jeder läuft einen anderen Weg, sodass sie sich nicht begegnen. Zeichne beide Wege ein.

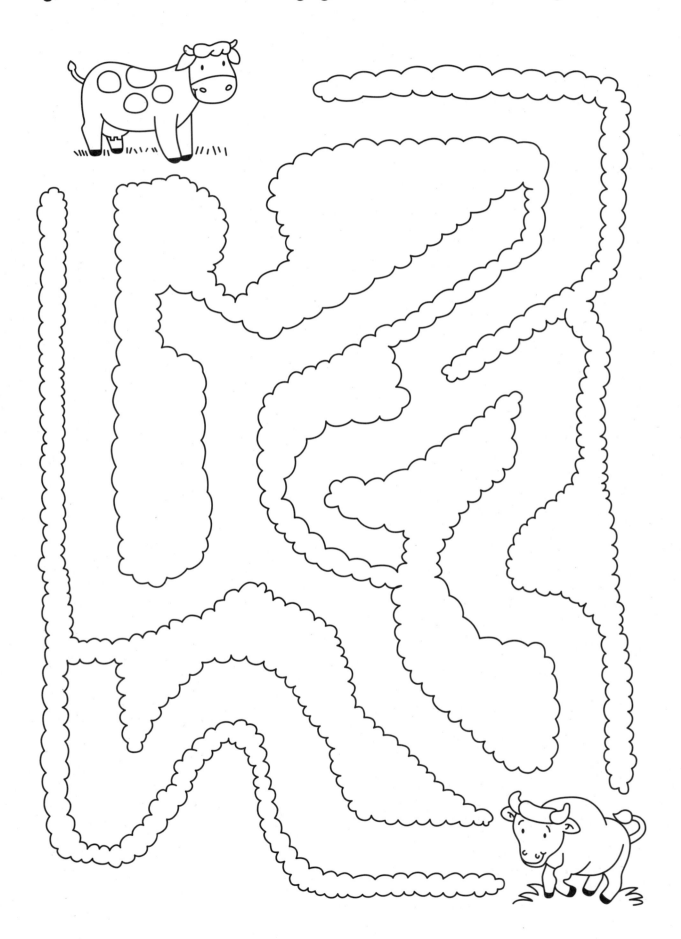

Nur zwei der sechs Bilder sehen genau gleich aus. Kreuze sie an.

Lösung: 2 und 3

Was fehlt denn da?
Du kannst zwischen drei Ausschnitten auswählen.

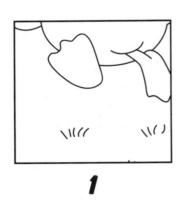
1

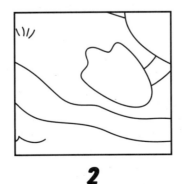
2

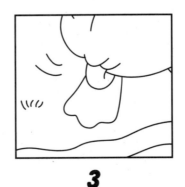
3

Lösung: 1

Sieh genau hin. Dann entdeckst du bestimmt, welcher Schatten der richtige ist.

Lösung: 2

Die Äpfel sind reif, und Marie möchte den schönen Tag zum Pflücken nutzen. Welchen Weg wird sie gehen?

Vergleiche die beiden Bilder genau. Wo verstecken sich die sieben Unterschiede im unteren Bild?

Lösung:

Was ist denn das? Verbinde die Zahlen in der richtigen Reihenfolge, damit es jeder sehen kann.

Gibt es da wohl noch ein zweites Küken? Finde den passenden Ausschnitt und du siehst es.

1

2

3

Lösung: 1

Windmühlen können ganz unterschiedliche Flügel haben. Welcher Schatten passt genau zu dieser Windmühle?

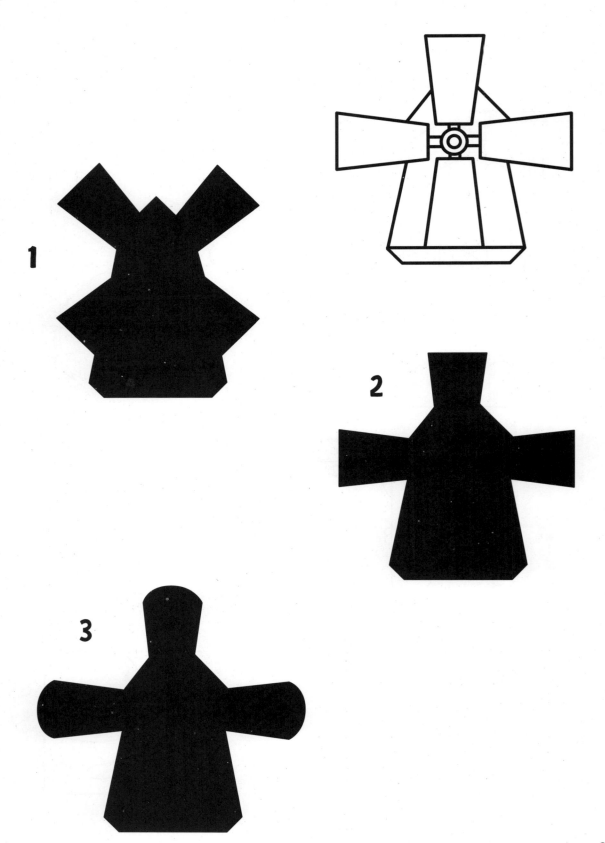

In dieser Siedlung stehen viele ähnliche Häuser. Zwei ähneln sich so sehr, dass sie nicht zu unterscheiden sind. Welche?

Lösung: 1 und 5

Peter füttert die Ziege. Doch wie sehen denn seine Haare aus! Malst du sie fertig? Und vergiss auch das Dach nicht.

Was braucht ein anständiger Koch? Genau, eine Kochmütze! Entdeckst du auch die sechs anderen Unterschiede im unteren Bild?

Lösung:

Die Biene fliegt gern in verschlungenen Bahnen. Entdeckst du ihren Weg zum Honigglas?

So fröhliche Häschen! Suche den richtigen Ausschnitt, zeichne ihn ins Bild und du kannst die schöne Zeichnung farbig ausmalen.

1

2

3

Lösung: 1

Nur ein Schatten passt zu diesem Schweinchen. Welcher ist es?

Lösung: 2

Zwei der sechs Häschen mögen einander besonders gern, und sie hüpfen immer auf genau dieselbe Art. Kreuze die beiden an.

Lösung: 1 und 6

Der Weg zum Teich ist weit. Kannst du ihn einzeichnen?

Die Sonne strahlt nur im Bild oben! Im unteren Bild sind insgesamt sieben Fehler versteckt. Nicht alle sind so leicht zu finden, doch du schaffst das bestimmt.

Lösung:

Da hat jemand mittendrin aufgehört zu malen. Hilf ihm doch und male das Bild zu Ende.

**Welcher Ausschnitt gehört auf die weiße Fläche des Bildes?
Sieh genau hin, dann ist es ganz einfach.**

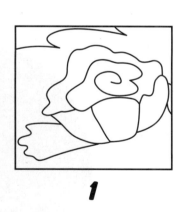
1

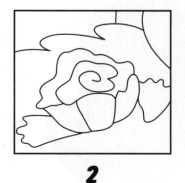
2

3

Lösung: 3

Gar nicht so einfach: Welcher Schatten gehört zu dem Bild? Achte besonders auf das Buch, das hilft dir bei der Suche.

Lösung: 3

**Peter nimmt heute den kürzesten Weg nach Hause.
Welchen wird er gehen?**

Da hat jemand beim Abmalen sieben Fehler gemacht. Entdeckst du sie?

Lösung:

Was Marie schon alles kann! Zeichne den Traktor fertig.

Welches kleine Bild zeigt genau das Stück vom Dach, das in dem großen Bild noch fehlt?

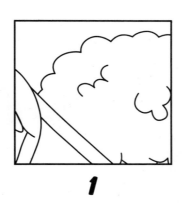
1

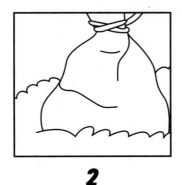
2

3

Lösung: 3

Peter findet sich heute gar nicht zurecht: Welcher Schatten gehört zu ihm? Kannst du es ihm sagen?

Lösung: 3

Zwei der Ferkel ähneln einander so sehr, dass nicht einmal der Eber sie voneinander unterscheiden kann. Entdeckst du die beiden?

Lösung: 1 und 4

Gleich wird Peter kommen: Er muss Melkschemel und Eimer zur Kuh bringen. Kannst du ihm den Weg zeigen?

Lösung: 2

Auf beiden Bildern kuscheln Marie und Peter mit ihren Tieren. Doch es gibt auch Unterschiede zwischen den Bildern. Sieben kannst du finden.

Lösung:

Die Äpfel hängen doch nicht im Himmel! Was fehlt denn da? Verbinde die Zahlen in der richtigen Reihenfolge und du siehst es.

Welcher Ausschnitt passt? Schau dir Peters Gesicht genau an und du erkennst es.

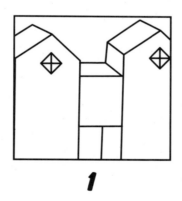
1

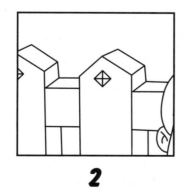
2

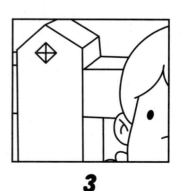
3

Lösung: 2

Der Bauer hat Vogelscheuchen gebastelt. Zwei sind genau gleich geworden. Entdeckst du sie?

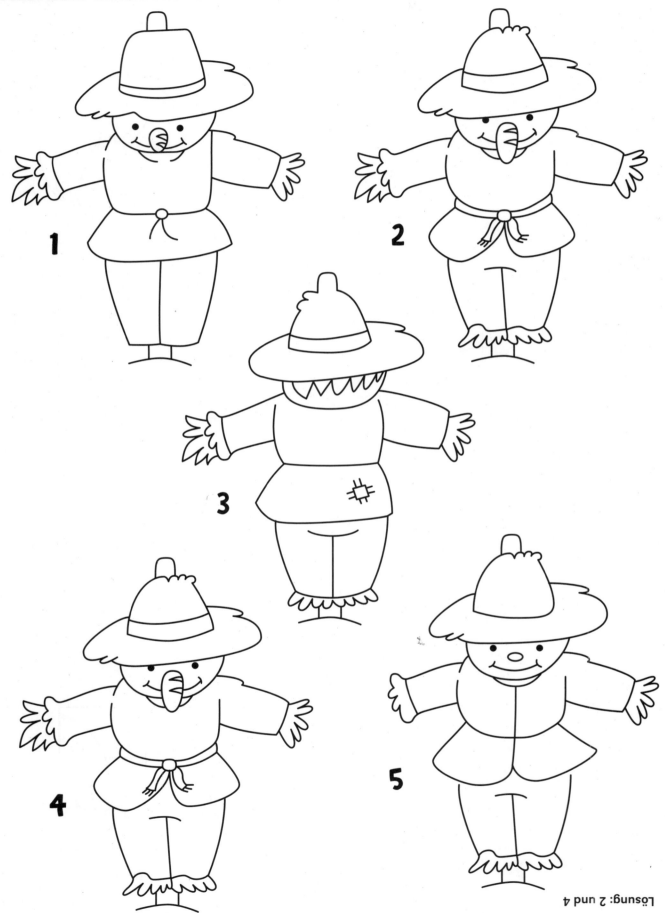

Lösung: 2 und 4

Marie sucht ihren Schatten. Kannst du ihr helfen?

Lösung: 1

Auf diesem Blumenbeet gibt es nur zwei Pflanzen, die gleich aussehen. Kreuze sie an.

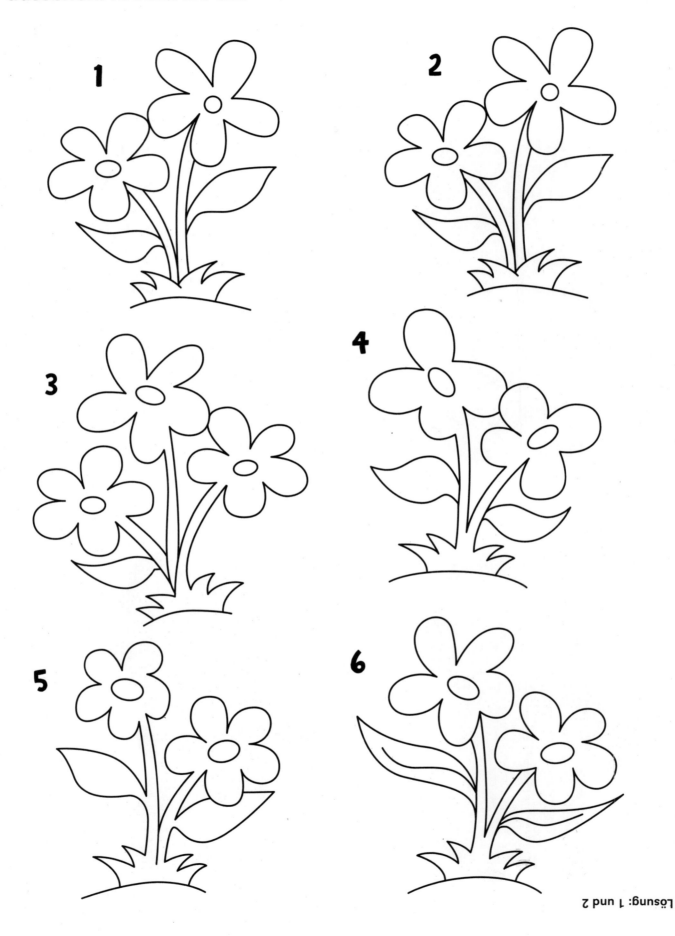

Lösung: 1 und 2

Vergleiche die beiden Bilder genau. Wo verstecken sich die sieben Unterschiede im unteren Bild?

Lösung:

Die Küken sehen einander alle sehr ähnlich, doch nur zwei Bilder sind gleich. Welche beiden sind es?

Lösung: 1 und 5

Damit der Zaun auch hält, musst du noch die Pfosten zeichnen.
Die Zahlen helfen dir dabei.

Fehlt da noch ein niedliches Jungtier im Bild? Du siehst es auf dem Quadrat, das genau in das große Bild passt.

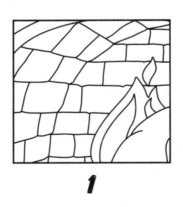

1

2

3

Lösung: 3

Sieh genau hin. Dann findest du bestimmt den passenden Schatten.

Lösung: 2

Auf den ersten Blick sehen die beiden Bilder genau gleich aus. Doch sieh genau hin, dann findest du sieben Unterschiede.

Lösung:

Das Schwein hat Hunger. Kannst du ihm den Weg zu der Eichel zeigen?

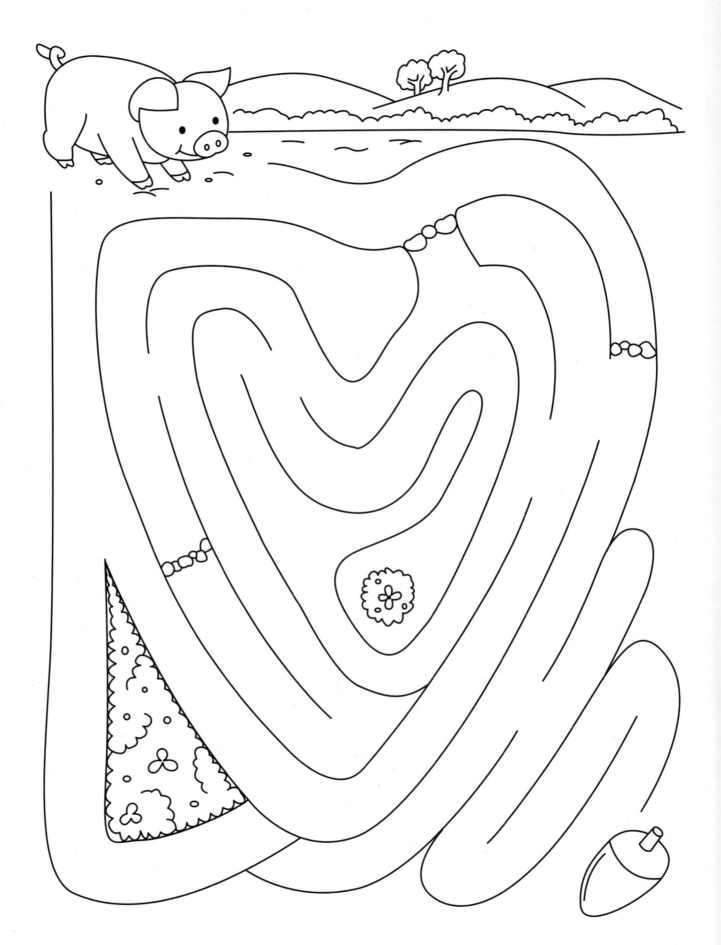

Ohne Dach wird es doch nass! Kannst du das Dach noch hinzumalen?

Findest du das richtige Puzzleteil?

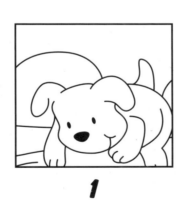
1

2

3

Lösung: 1

Zwei der Hühner gleichen sich wie ein Ei dem anderen.
Entdeckst du das Paar?

Lösung: 2 und 5

Jeder Gockel ist einzigartig. Entdeckst du den Schatten, der genau zu diesem Gockel passt?

Lösung: 3

Auf einem Bauernhof ist viel zu tun. So hatte der Zeichner wenig Zeit zum Malen und hat beim Abzeichnen sechs Fehler gemacht. Welche?

Lösung: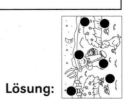

Der Piepmatz hat sich verflogen. Auf welcher Flugbahn kommt er am schnellsten zu seinem Vogelhäuschen?

Was macht Peter denn da? Verbinde die Punkte in der richtigen Reihenfolge. Dann siehst du es.

Fünf Wege führen das Pferdchen zum Heuwagen. Zeichne sie alle ein, damit es sich den schönsten aussuchen kann.

Lösung: A–5, B–3, C–2, D–1, E–4

Der kleine Hund möchte mit den Schäfchen spielen. Kannst du ihm den kürzesten Weg durchs Labyrinth zeigen?

Schatten zeigen nur Umrisse. Doch diese reichen aus, um Unterschiede zu finden. Erkennst du den passenden Schatten?

Lösung: 1

Sieben Fehler haben sich im unteren Bild eingeschlichen. Entdeckst du sie?

Lösung: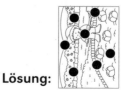

Verbinde die Punkte in der richtigen Reihenfolge und du hast ein schönes Bild zum Ausmalen.

Die sechs Gockel sehen sich alle ähnlich. Doch nur zwei sind genau gleich. Kreuze die beiden an.

Lösung: 2 und 3

Peter wird gern fotografiert. Zwei Fotos zeigen ihn in genau derselben Haltung. Entdeckst du sie?

Lösung: 2 und 5

Na, da fehlt aber noch einiges! Male das Bild zu Ende.

Das Schaf sucht seinen Schatten. Kannst du ihm helfen?

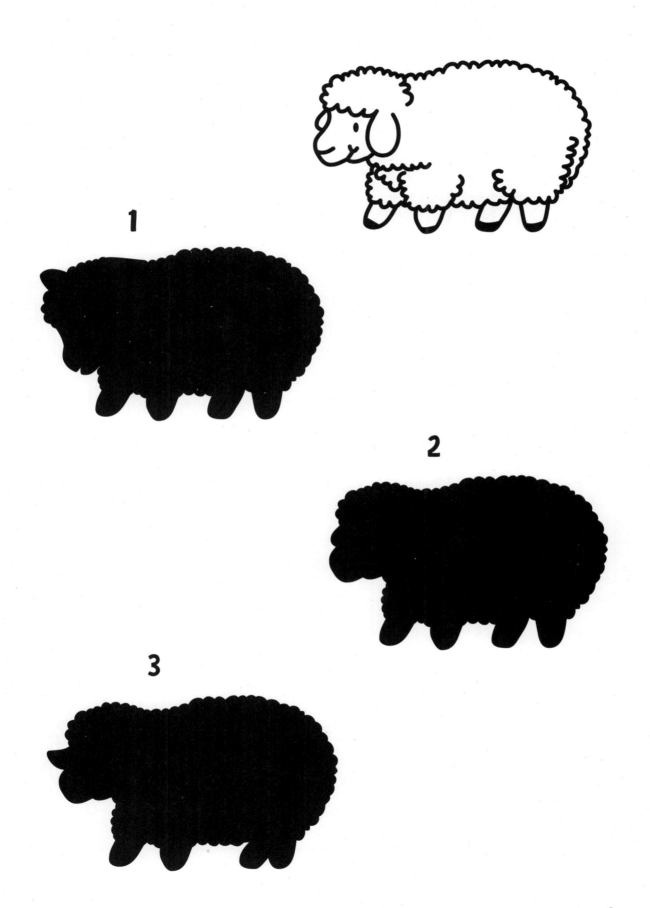

Lösung: 2

Bello ist sehr schnell. Du auch? Suche rasch die sieben Unterschiede zwischen den beiden Bildern.

Lösung:

Schau ganz genau hin: Welcher Schatten gehört zu dem Bild?

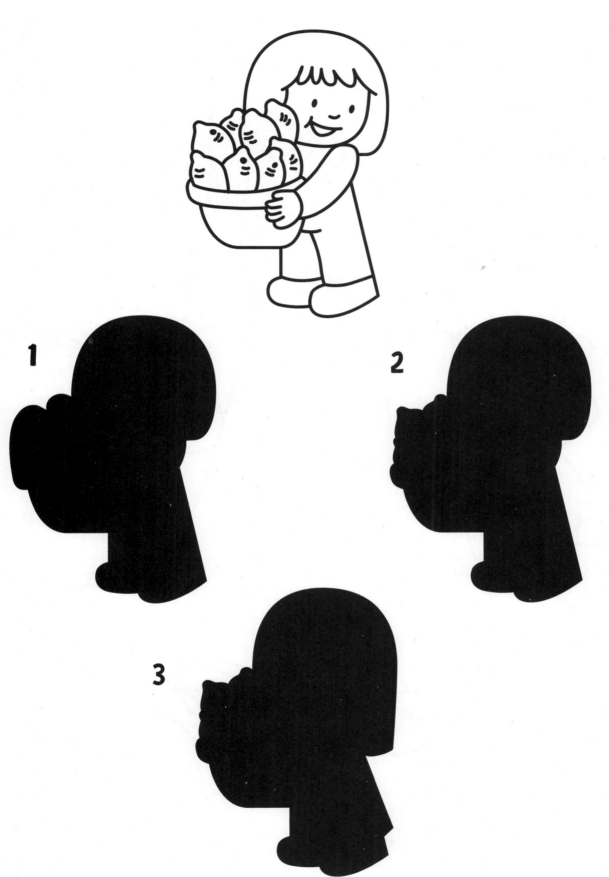

Nur zwei der sechs Zeichnungen sind genau gleich. Kreuze sie an.

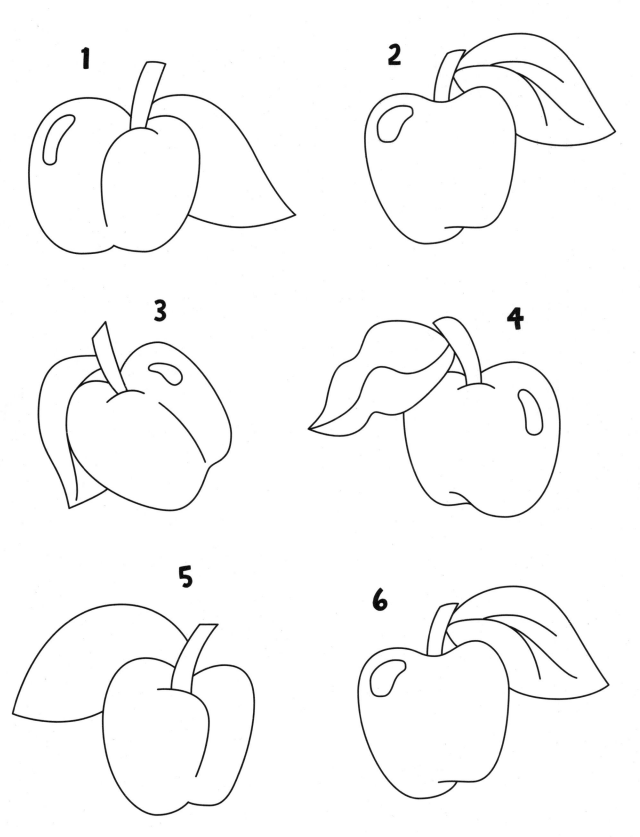

Lösung: 2 und 6

Das Häschen hat Hunger. Welche Linie verbindet es mit seiner Mohrrübe? Zeichne sie nach.

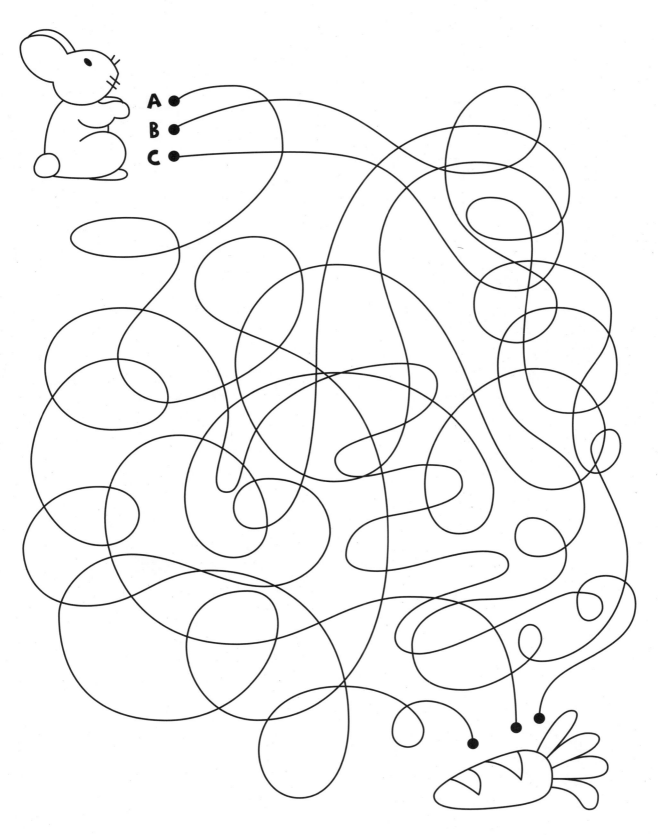

Lösung: C